Impressum
Verlag: BABADADA GmbH, Nedderfeld 112 , 22529 Hamburg
Geschäftsführer / Verlagsleitung: Harald Hof
Druck: Books on Demand GmbH, In de Tarpen 42, 22848 Norderstedt

Imprint
Publisher: BABADADA GmbH, Nedderfeld 112 , 22529 Hamburg, Germany
Managing Director / Publishing direction: Harald Hof
Print: Books on Demand GmbH, In de Tarpen 42, 22848 Norderstedt

koulu

duɗal

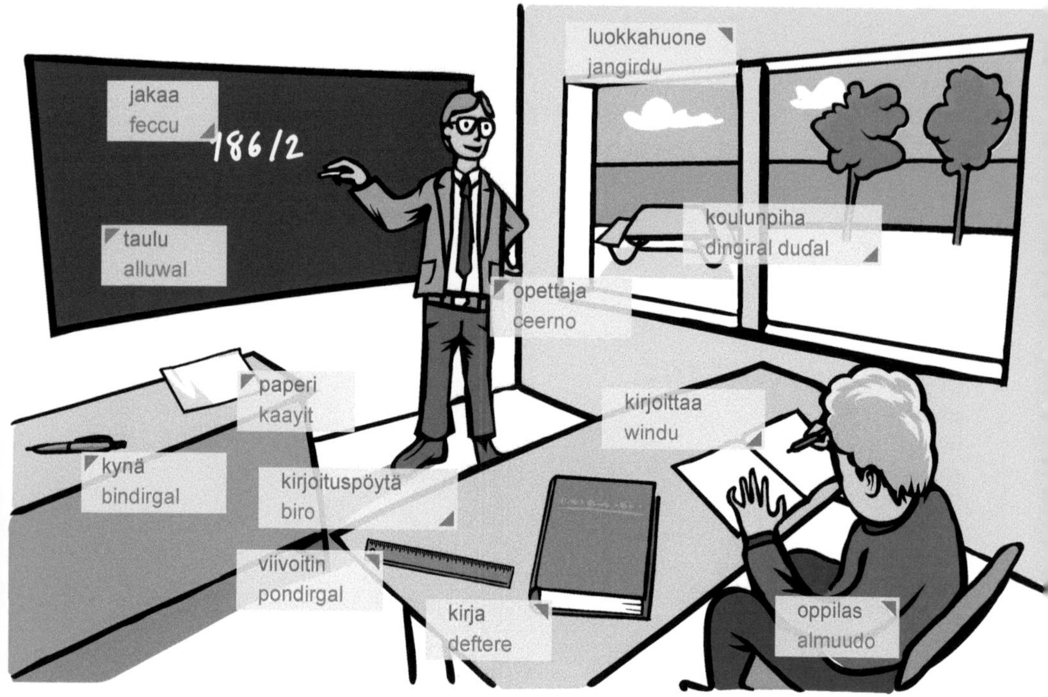
luokkahuone
jangirdu
jakaa
feccu
186/2
taulu
alluwal
koulunpiha
dingiral duɗal
opettaja
ceerno
paperi
kaayit
kirjoittaa
windu
kynä
bindirgal
kirjoituspöytä
biro
viivoitin
pondirgal
kirja
deftere
oppilas
almuudo

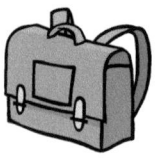

reppu

sakosel

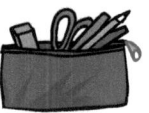

penaali

suudu kuɗol

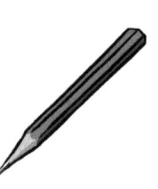

lyijykynä

kuɗol

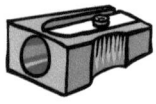

kynänteroitin

ceeɓnoowo kuɗol

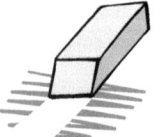

pyyhekumi

momtirgal

piirustuslehtiö

nokku diidirɗo

piirustus
diidgol

pensseli
diidirgal

vesivärit
suudu diidordu

sakset
sisooje

liima
kol

harjoituskirja
deftere softinorde

kotitehtävä
coftinogol

luku
tongoode

2+2

lisätä
ɓeydu

vähentää
ustu

kertoa
hebbin

laskea
lim

A

kirjain
bataake

ABCDEFG
HIJKLMN
OPQRSTU
VWXYZ

aakkoset
hijju

hello

sana
kongol

teksti

windande

lukea

jangu

liitu

bindirgal

oppitunti

darsu

opettajan muistikirja

windaade

koe

ÿeewtogol

todistus

ijaazi

koulupuku

wutte jaŋirɗo

koulutus

jaŋde

sanakirja

ɗowitorde mawnde

yliopisto

jaaɓi haatirde

mikroskooppi

mokoroskop

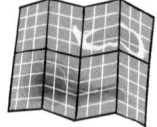

kartta

wertaango

roskakori

siwo mbalis

matka
ɗannaade

hotelli
otel
Grand
retkeilymaja
hoɗirdu
ROOMS
CHANGE
rahanvaihto
nokku beccirɗo
matkalaukku
woliis
auto
oto

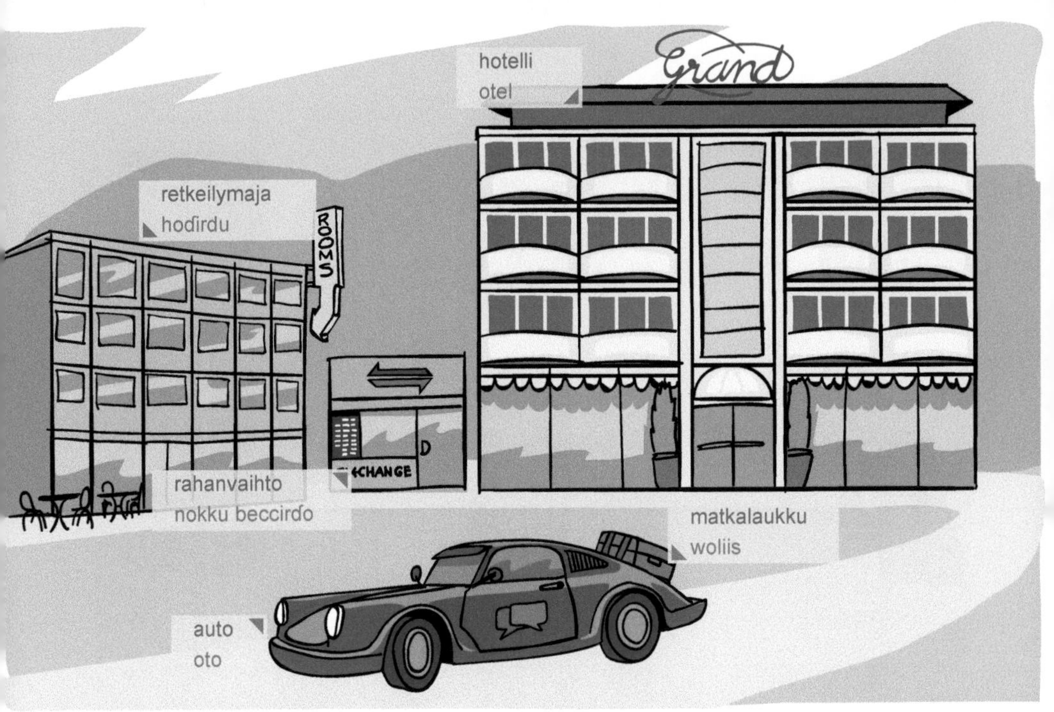

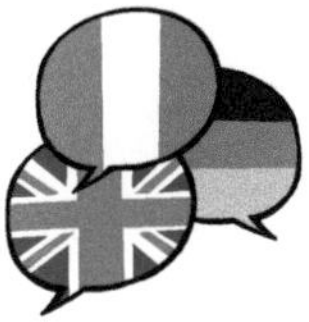

kieli
ɗemngal

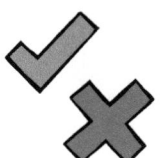

kyllä / ei
ey / ala

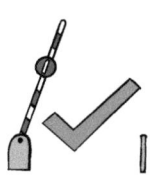

selvä
Eyyo

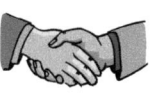

hei
mbaɗɗa

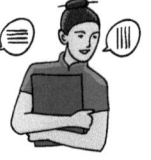

tulkki
pirtoowo

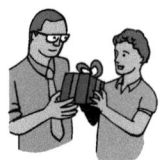

kiitos
jaraama

Paljonko...maksaa?

hono foti...?

en ymmärrä

mi faamaani

ongelma

satteende

Hyvää iltaa!

jam hiiri

Hyvää huomenta!

jam waali

Hyvää yötä!

jam waal

näkemiin

baay baay

suunta

ngardiindi

matkatavarat

kaake

laukku

saak

reppu

saak bakke

vieras

koɗo

huone

suudu

makuupussi

saak ɗaanorɗo

teltta

taanta

matka - ɗannaade

turisti-info

kabaaru jillotooɗo

ranta

palaaz

luottokortti

kartal keredii

aamupala

kasitaari

lounas

bottaari

päivällinen

hiraande

matkalippu

tikkett

hissi

suutde

postimerkki

tembere

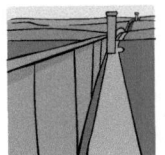

raja

keerol

tulli

soodooɓe

suurlähetystö

ambasaat

viisumi

wiisa

passi

paaspoor

kuljetus
yangarta

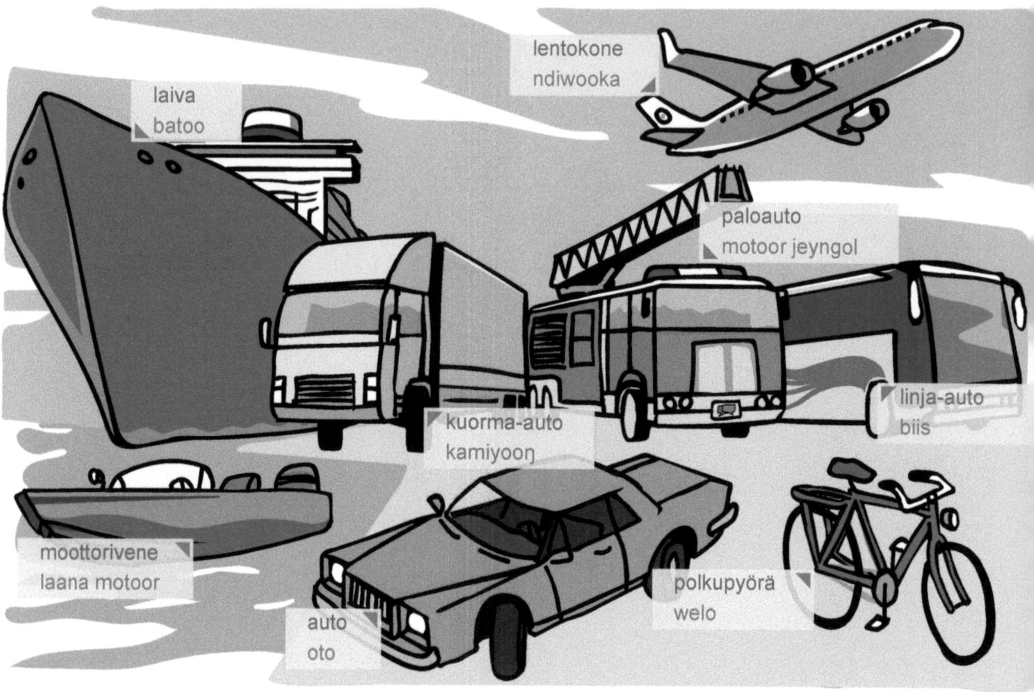

lentokone
ndiwooka
laiva
batoo
paloauto
motoor jeyngol
linja-auto
biis
kuorma-auto
kamiyooŋ
moottorivene
laana motoor
polkupyörä
welo
auto
oto

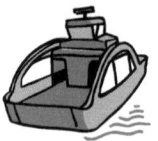

lautta
baak

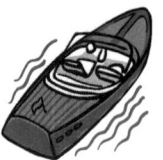

vene
laana

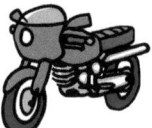

moottoripyörä
welo motoor

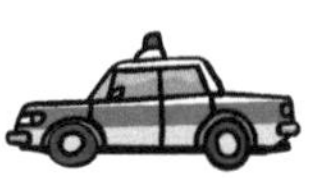

poliisiauto
oto poliis

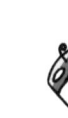

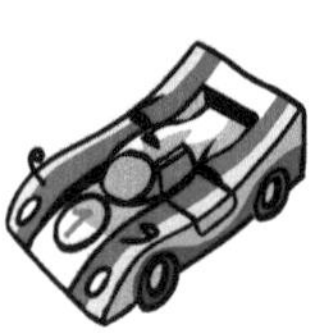

kilpa-auto
oto dandu

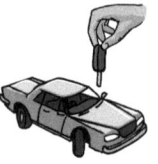

vuokra-auto
otoluwaaɗo

car sharing

rendude oto

hinausauto

lenge

roska-auto

kamiyooŋ salo

moottori

moto

polttoaine

gaas

huoltoasema

esaaseer

liikennemerkki

maantorde tali

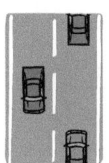

liikenne

tali

ruuhka

bittugol tali

parkkipaikka

darnirde oto

rautatieasema

dartorde teree

raiteet

laabi

juna

teree

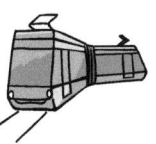

raitiovaunu

taraam

vaunu

nawgol

helikopteri

elikooteer

lentokenttä

aydapoor

lähilennonjohto

hubeere

matkustaja

jahoowo

kontti

kontaneer

pahvilaatikko

kees

kärryt

saret

kori

siwo

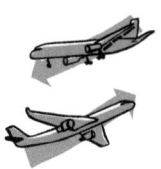

nousta / laskea

diw / tello

kaupunki

wuro

kylä

saare

keskusta

hakkunde wuro

talo

galle

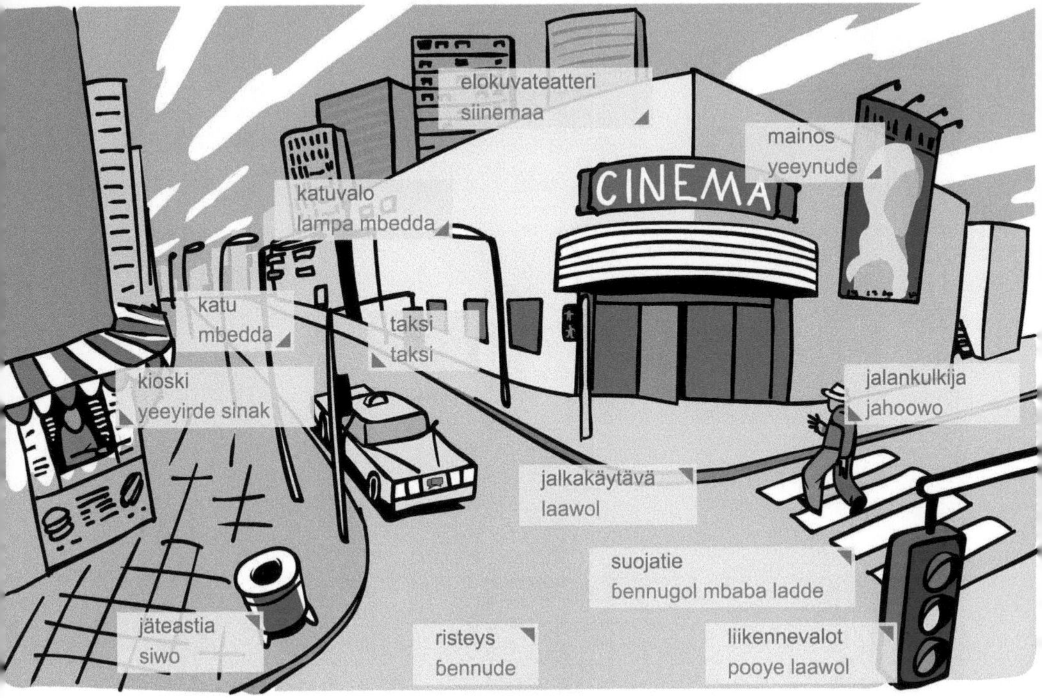
elokuvateatteri
siinemaa
mainos
yeeynude
CINEMA
katuvalo
lampa mbedda
katu
mbedda
taksi
taksi
kioski
yeeyirde sinak
jalankulkija
jahoowo
jalkakäytävä
laawol
suojatie
ɓennugol mbaba ladde
jäteastia
siwo
risteys
ɓennude
liikennevalot
pooye laawol

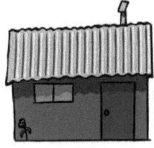

mökki

tiba

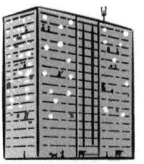

kerrostalo

hoɗorde

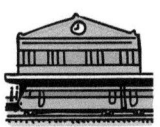

rautatieasema

dartorde teree

kaupungintalo

meeri

MUSEUM

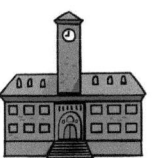

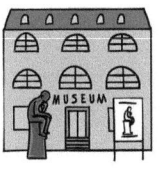

museo

miise

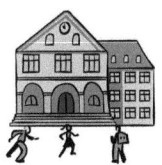

koulu

duɗal

yliopisto

jaaɓi haatirde

pankki

baŋke

sairaala

safrirdu

hotelli

otel

apteekki

farmasii

toimisto

gollorde

kirjakauppa

yeeyirde defte

liike

yeeyirde

kukkakauppa

mo nehoowo leɗɗe

supermarketti

duggere

tori

jeere

tavaratalo

yeeyirde diiwaan

kalakauppias

mo gawoowo

ostoskeskus

nokku njeeygu

satama

telloorde

puisto

parka

penkki

jooɗorde

silta

pooŋ

portaat

ŋabbirɗe

metro

les leydi

tunneli

laawol les

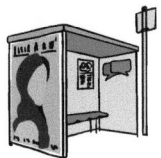

linja-autopysäkki

dartorde biis

baari

baar

ravintola

restoraaŋ

postilaatikko

suudu posto

katukyltti

maantorde mbedda

parkkimittari

meetorde parka

eläintarha

nehirde kulle

uimala

pisiin

moskeija

jumaa

maatila
ngesa

ympäristön saastuminen
bonande

hautausmaa
genaale

kirkko
ekiliis

leikkikenttä
dingiral

temppeli
tempele

maisema
satto

lehti
derewol

tienviitta
maantogal

tie
laawol

niitty
paraad

kivi
haayre

retkeilijä
diwoowo

puu
lekki

joki
caangol

ruoho
hudo

kukka
baramlefol

laakso
fongo

vuori
tiwaande

järvi
weendu

metsä
dundu

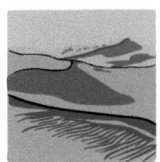

aavikko
ladde

tulivuori
wolkaaŋ

linna
hoɗorde

sateenkaari
timtimol

sieni
wiiduru gaynaako

palmu
lekki koko

hyttynen
ɓongu

kärpänen
diw

muurahainen
ñuuñu

mehiläinen
ñaaku

hämähäkki
njabala

kovakuoriainen

karaab

sammakko

paaɓa

orava

jiire

siili

nguru paaɓa

jänis

wojere

pöllö

hooweere

lintu

ndiwri

joutsen

kankaleewal

villisika

fowru

peura

lella

hirvi

kooba

pato

baaraas

tuulimylly

seɗa hendu

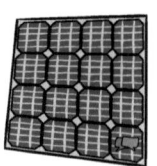

aurinkopaneeli

mbeɗu naange

ilmasto

kilimaaŋ

maisema - satto

ravintola
restoraaŋ

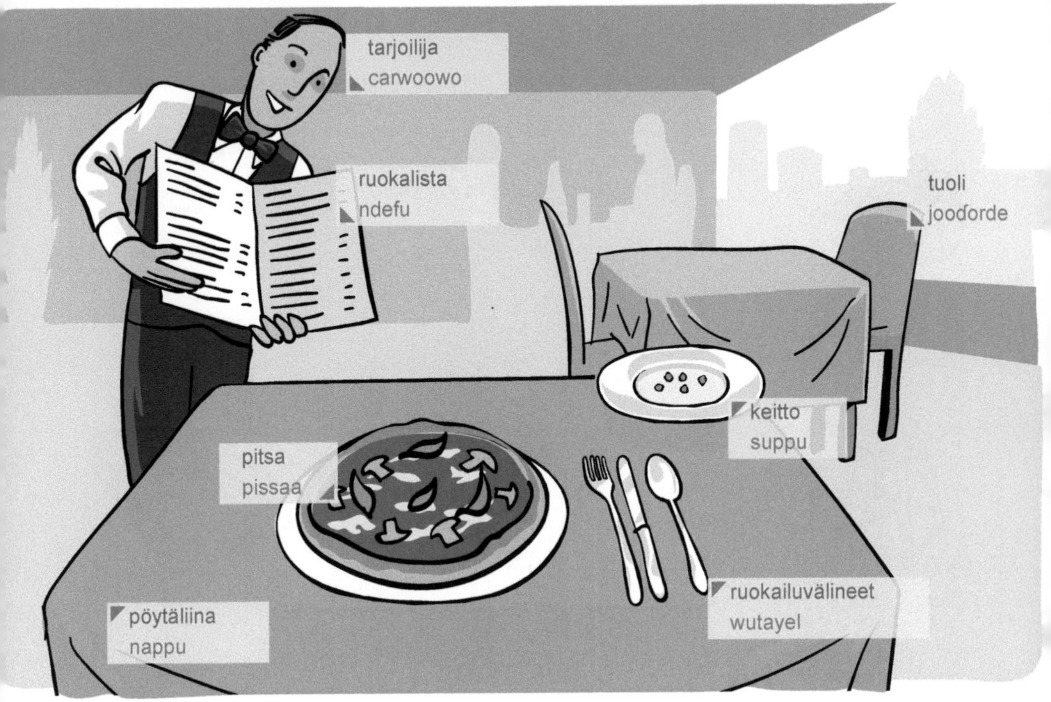
tarjoilija
carwoowo
ruokalista
ndefu
tuoli
joodorde
keitto
suppu
pitsa
pissaa
pöytäliina
nappu
ruokailuvälineet
wutayel

alkuruoka

puddordo

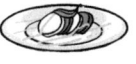

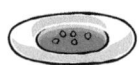

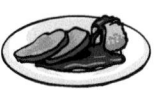

pääruoka

barme mawdo

jälkiruoka

deseer

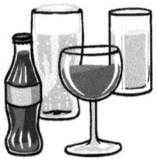

juomat

njarameeje

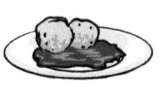

ruoka

ñamri

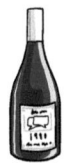

pullo

bitel

pikaruoka

fastfuut

katuruoka

ñaamde mbedda

teekannu

pot ataaya

sokeriastia

taasa suukara

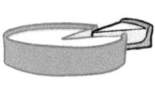

annos

geɗal

espressokeitin

masiŋ esperesoo

syöttötuoli

jooɗorde toownde

lasku

faktiir

tarjotin

terey

veitsi

paaka

haarukka

fursett

lusikka

kuddu

teelusikka

kuddu ataaya

servietti

torsooŋ

lasi

weer

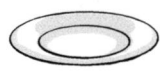

lautanen
palaat

syvä lautanen
palaat suppu

aluslautanen
coosoowo

kastike
soos

suolasirotin
pot lamďam

pippurimylly
poobaar

etikka
wineegar

öljy
diwliin

mausteet
kaaniije

ketsuppi
ketsoop

sinappi
mutaarde

majoneesi
maynees

supermarketti
duggere

tarjous
dokkal teentungal
asiakas
coodoowo
maitotuotteet
deftel
hedelmät
ɓingel leggal
ostoskärryt
saret
FOR

BUTCHERS

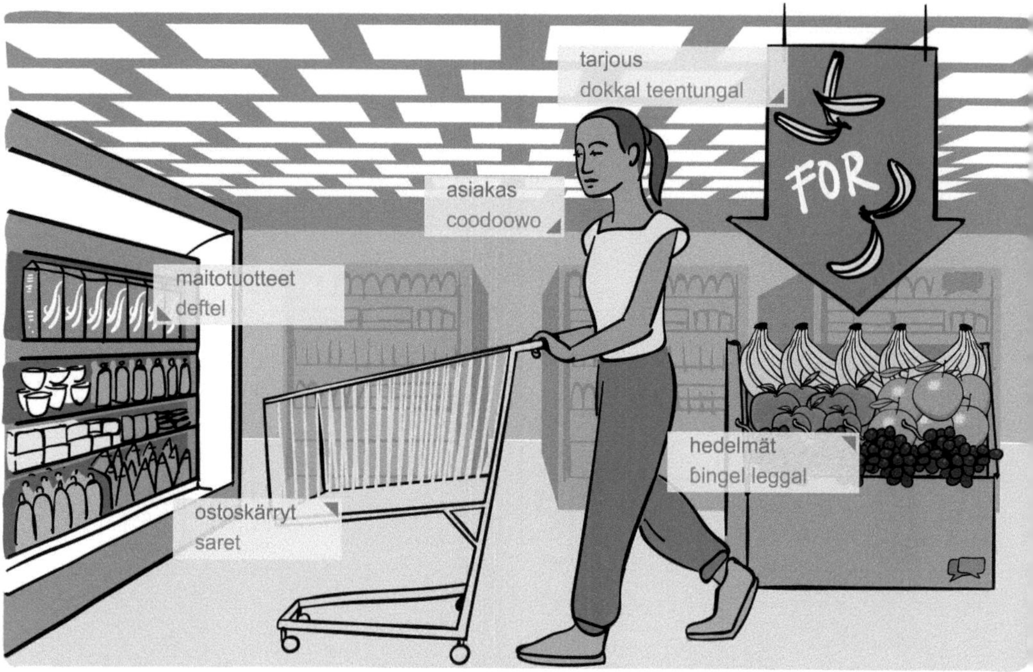

teurastamo

mo jeeyoowo teewu

BAKERY

leipomo

mo piyoowo mburu

punnita

ɓett

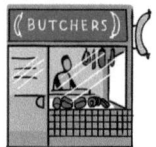

kasvikset

ɓiɓe leɗɗe

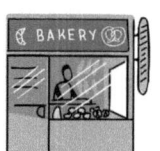

liha

teewu

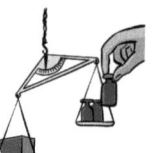

pakasteet

ñamri fendiindi

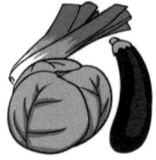

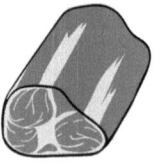

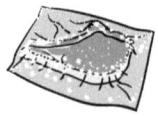

leikkele

teewu buubngu

säilykkeet

ñamri

pesujauhe

omo

makeiset

tangaleeji

kotitaloustarvikkeet

geđe galle

puhdistusaineet

geđe labbinooje

myyjä

jeeyoowo

kassa

hippoode

kassanhoitaja

ngaluyanke

ostoslista

limo soodetee

aukioloajat

waktuuji gudditeeđi

lompakko

kalbe

luottokortti

kartal keredii

kassi

saak

muovipussi

saak dalli

vesi

ndiyam

mehu

sii

maito

kosam

kokis

Koowk

viini

sangara

olut

sangara

alkoholi

alkol

kaakao

koka

tee

ataaya

kahvi

kafe

espresso

esperesoo

cappuccino

kaputsiino

banaani

banaana

omena

pomere

appelsiini

oraaŋs

meloni

dende

sitruuna

limoŋ

porkkana

karott

valkosipuli

laac

bambu

bambuu

sipuli

soblere

sieni

wiiduru gaynako

pähkinät

gerte

spagetti

kodde

spagetti

espaketii

riisi

maaro

salaatti

solaat

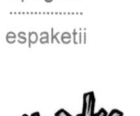

ranskalaiset

sipse

paistetut perunat

padaas pasnaaɗo

pitsa

pissaa

hampurilainen

amburgoor

voileipä

sandiis

leike

tayre

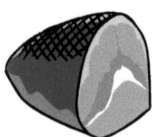

kinkku

heltinde

salami

salaami

makkara

soosiis

kana

gertogal

paisti

juɗe

kala

liingu

kaurahiutaleet

karaw

mysli

miyesli

murot

butaali makka

jauho

cafka

voisarvi

koraasaŋ

sämpylä

loocol mburu

leipä

mburu

paahtoleipä

mburu

keksit

mbiskit

voi

boor

rahka

caakri

kakku

ngato

kananmuna

boofoode

paistettu kananmuna

bofoode defaaɗo

juusto

formaas

jäätelö

kerem galaas

sokeri

suukara

hunaja

njuumri

hillo

piire

suklaapähkinälevite

soosde sokola

curry

kiri

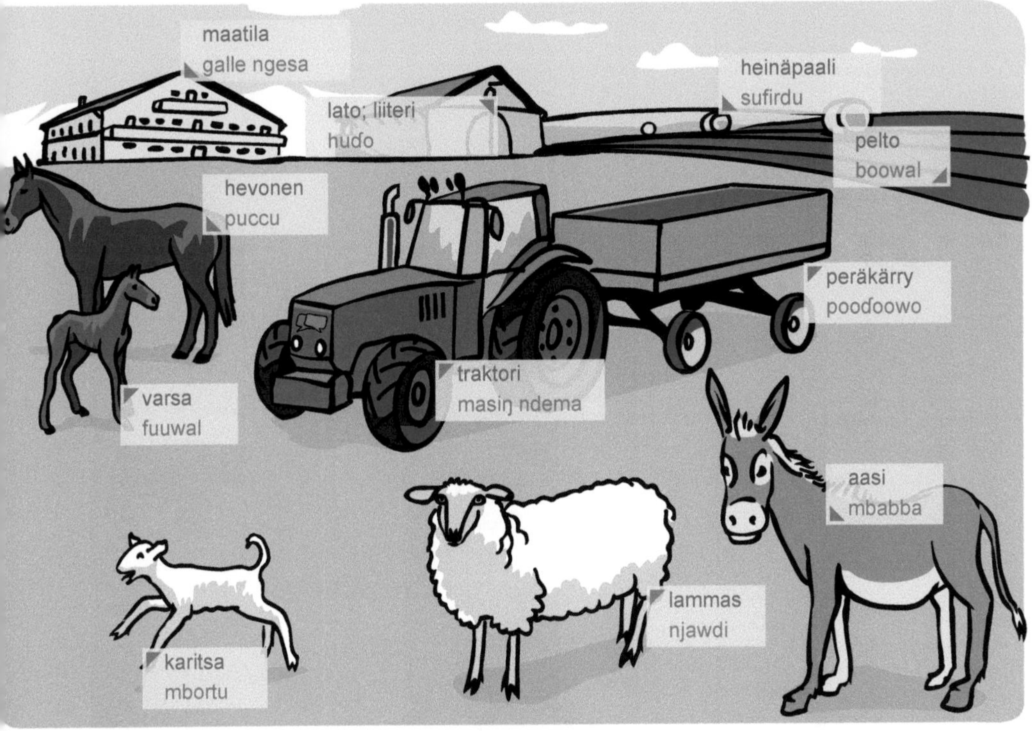

maatila
galle ngesa

heinäpaali
sufirdu

lato; liiteri
huɗo

pelto
boowal

hevonen
puccu

peräkärry
pooɗoowo

traktori
masiŋ ndema

varsa
fuuwal

aasi
mbabba

lammas
njawdi

karitsa
mbortu

vuohi

ndamndi

lehmä

ngaari

vasikka

ñale

sika

mbaba tugal

porsas

bingel tugal

sonni

ngaari

hanhi

jaawalal

ankka

jaawangal

tipu

gertogal

kana

jarlal

kukko

ngori

rotta

doombru

kissa

ulluundu

hiiri

dombru

härkä

ngaari

koira

rawaandu

koirankoppi

suudu rawaandu

puutarhaletku

lekki werte

kastelukannu

bitel ndiyam

viikate

jalo

aura

jabbude

sirppi

wafdu

kuokka

caga

talikko

furset yettirɗo

kirves

jambere

kottikärryt

burwett

kaukalo

jardugal

maitokannu

bitel kosam

säkki

bonnude

aita

heerorde

talli

dari

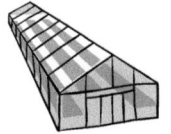

kasvihuone

resofmaaŋ

maa

leydi

siemen

aawdi

lannoite

engere

leikkuupuimuri

rendin coñoowo

kerätä sato

soñ

sato

coñal

jamssit

ñambi

vehnä

ndiyamiri

soija

soozaa

peruna

padaas

maissi

makka

rypsi

aawdi adan

hedelmäpuu

lekki ɓesnooki

maniokki

kasaawa

vilja

gawri

talo
galle

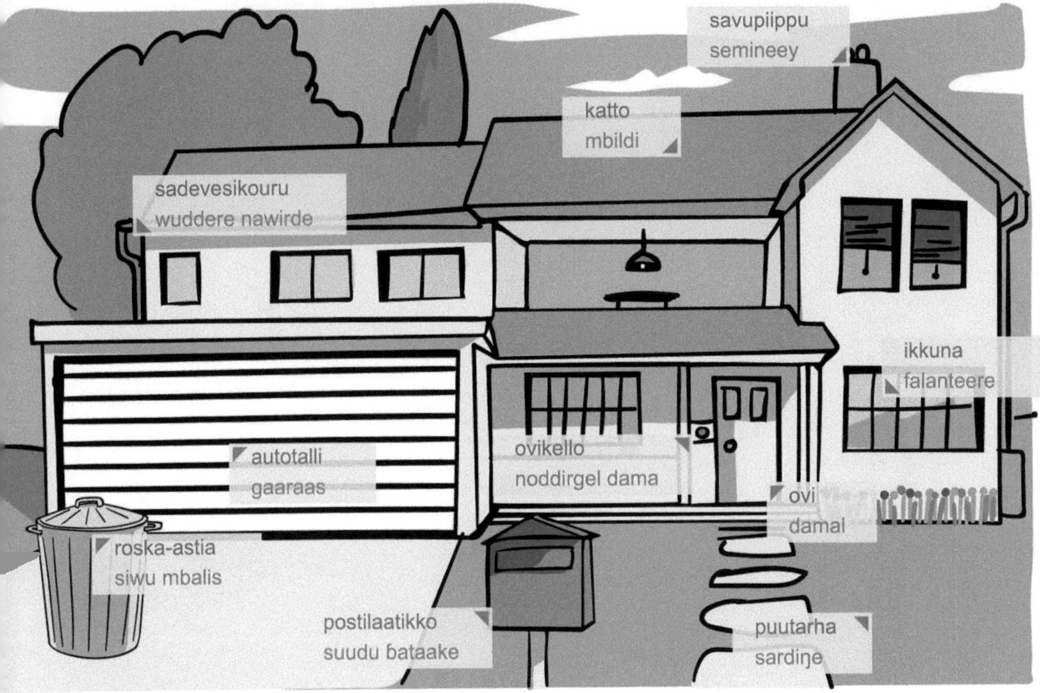
savupiippu
semineey
katto
mbildi
sadevesikouru
wuddere nawirde
ikkuna
falanteere
autotalli
gaaraas
ovikello
noddirgel dama
ovi
damal
roska-astia
siwu mbalis
postilaatikko
suudu ɓataake
puutarha
sardiŋe

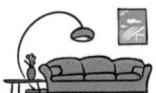

olohuone
saal

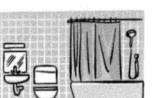

kylpyhuone
lootorde

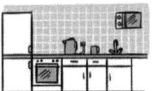

keittiö
waañ

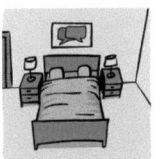

makuuhuone
suudu lelteendu

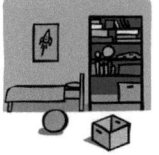

lastenhuone
suudu suka

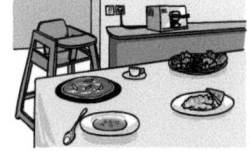

ruokahuone
suudu hirtordu

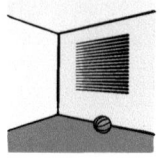

lattia
....
leydi

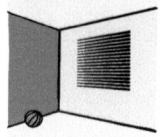

seinä
....
miir

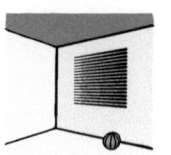

katto
....
dira

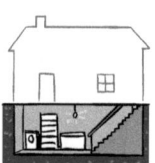

kellari
....
masiŋel

sauna
....
soona

parveke
....
balkooŋ

terassi
....
teeraas

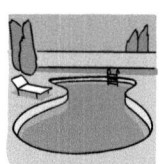

uima-allas
....
pisin

ruohonleikkuri
....
tondoos

lakana
....
kaayit

päiväpeitto
....
mbertanteeri

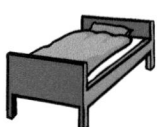

sänky
....
lelnde

harja
....
pittirđe

ämpäri
....
siwoo

katkaisin
....
waylu

olohuone
saal

tapetti
foodekaraŋ
kuva
nattal
lamppu
lampa
hylly
dow
kaappi
baye
televisio
lewe
takka
fotekaaŋ
kukka
baramlefol
tyyny
njegenaay
sohva
soofaa
maljakko
kaas
kaukosäädin
komaande

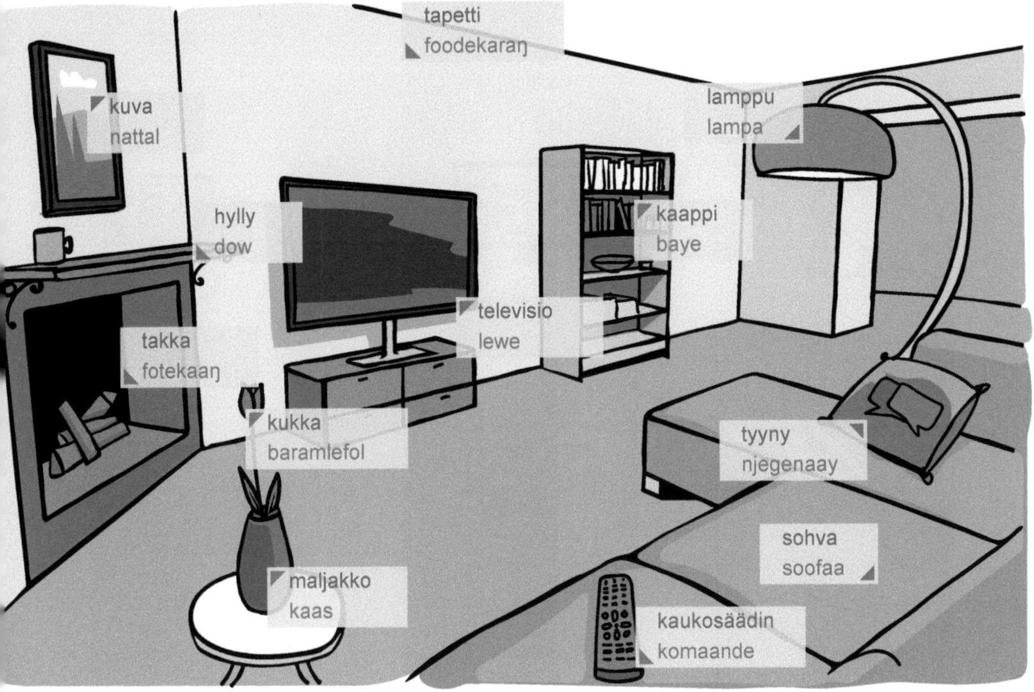

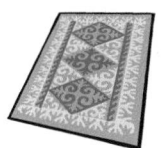

matto

tappi

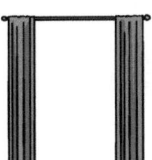

verho

rido

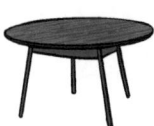

pöytä

taabal

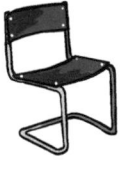

tuoli

jooɗorde

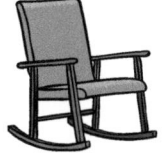

keinutuoli

jooɗorde timmunde

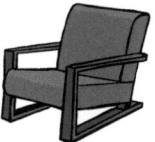

nojatuoli

tuggorde

kirja

deftere

peitto

suddaare

koriste

cinki

polttopuut

docotal

elokuva

filmo

stereot

kuutorde hi-fi

avain

caabi

sanomalehti

jaaynde

maalaus

pentiirde

juliste

posteer

radio

haalirde

muistivihko

deftel mooftirgel

pölynimuri

ŋabbude

kaktus

siwo lekki

kynttilä

sondel

keittiö
waañ

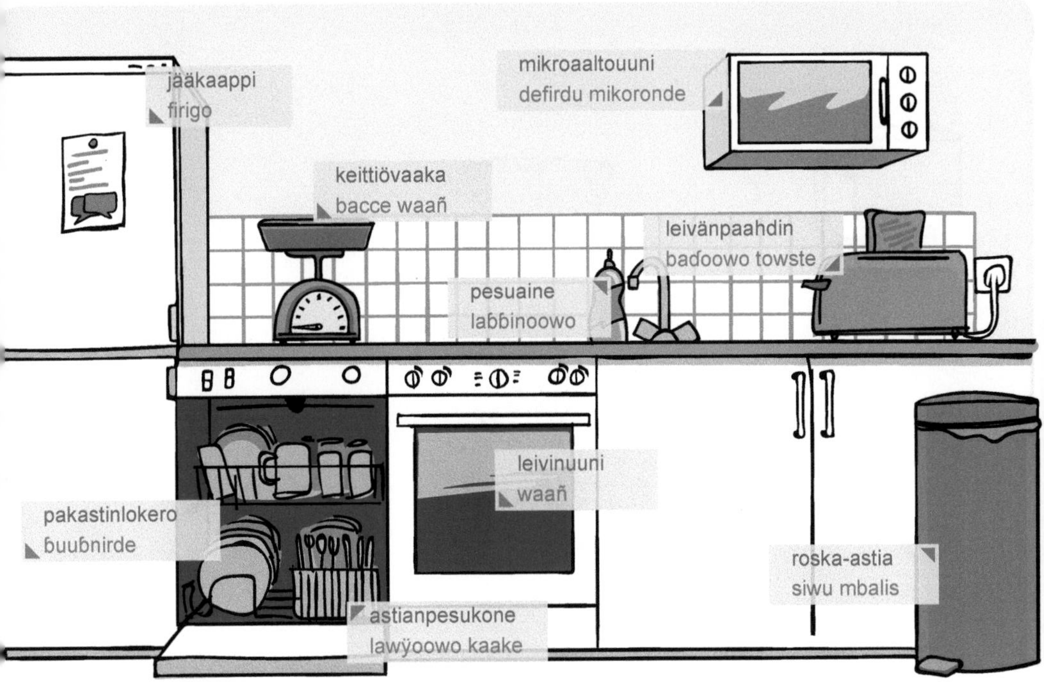

jääkaappi
firigo
mikroaaltouuni
defirdu mikoronde
keittiövaaka
bacce waañ
leivänpaahdin
baɗoowo towste
pesuaine
laɓɓinoowo
leivinuuni
waañ
pakastinlokero
ɓuuɓnirde
roska-astia
siwu mbalis
astianpesukone
lawƴoowo kaake

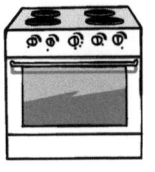

liesi

defoowo

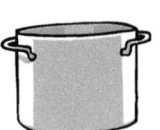

kattila

pot

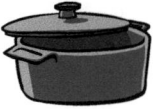

rautapata

pot baɗɗo njamdi

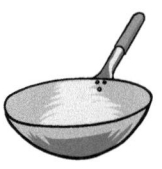

vokkipannu / kadai-pannu

lehel

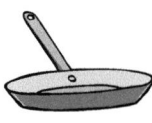

paistinpannu

lahal

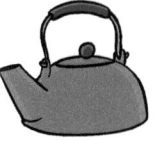

teepannu

baraade

höyrykeitin

gulnoowo

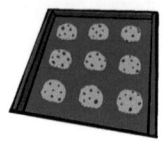

uunipelti

fuur cumirɗo

astiat

wiisirde

muki

kaas

kulho

taasa

syömäpuikot

bakett

kauha

heɗirde

paistinlasta

kuundal

vispilä

burgal

siivilä

gulnirɗo

siivilä

pool

raastin

koosoowo

mortteli

wowru

grilli

njuɗu

avotuli

lewlewndu

keittiö - waañ

leikkuulauta

alluwal tayirgal

kaulin

dullirgal

korkinavaaja

tenaay

purkki

potyel

purkinavaaja

udditirɗo potyel

pannulappu

jaggoowo pot

lavuaari

lawÿirde

tiskiharja

borisde

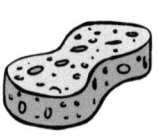

pesusieni

epoos

tehosekoitin

jiiɓoowo

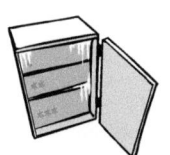

pakastin

firigo juutɗo

tuttipullo

bitel tiggu

vesihana

robine

kylpyhuone

lootorde

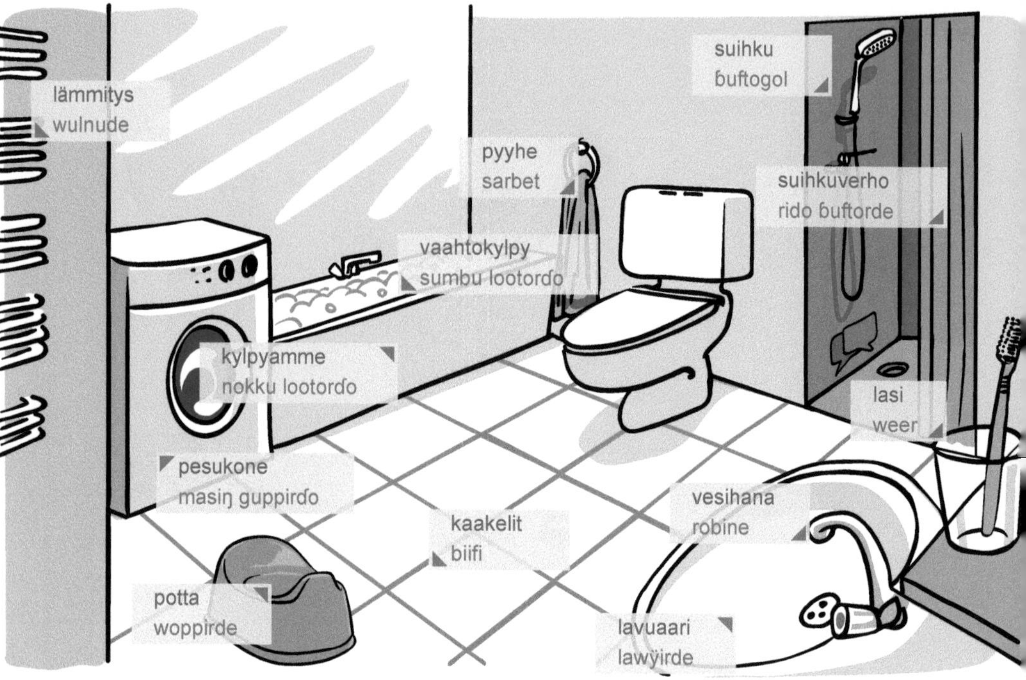

lämmitys
wulnude
suihku
ɓuftogol
pyyhe
sarbet
suihkuverho
rido ɓuftorde
vaahtokylpy
sumbu lootorɗo
kylpyamme
nokku lootorɗo
lasi
weer
pesukone
masiŋ guppirɗo
vesihana
robine
kaakelit
biifi
potta
woppirde
lavuaari
lawƴirde

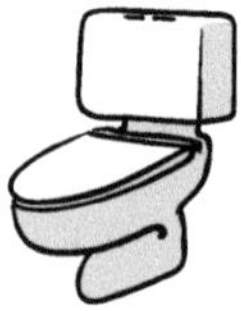

vessa

heblorde

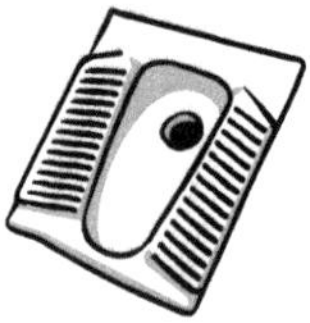

kyykkyvessa

yaltirde les

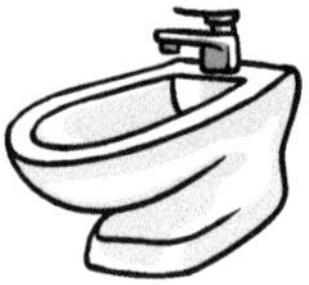

bidee

yaltirde

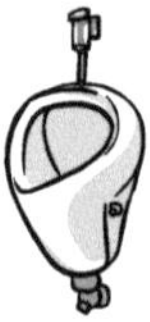

pisuaari

soofirde

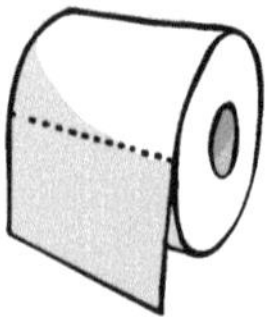

vessapaperi

kaayit heblorde

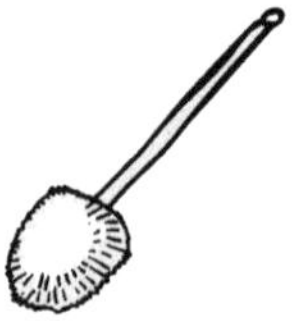

vessaharja

boros heblorde

hammasharja

boros ñiiÿe

hammastahna

pat cocorđo

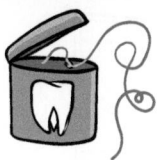

hammaslanka

cocorgal

pestä

lawyu

käsisuihku

ɓuftorde jungo

intiimisuihku

jampe

pesuvati

taasa

selkäharja

boros keeci

saippua

saabunde

suihkugeeli

nebam ɓuftorde

shampoo

sampoye

pesulappu

lootogel

viemäri

yupude

voide

mileen

deodorantti

lati

peili

daarogal

käsipeili

daarogal jungo

partaveitsi

rasuwaar

partavaahto

sumbu pemborɗo

partavesi

lallitirde

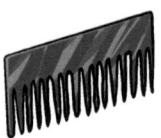

kampa

koomu

harja

boros

hiustenkuivaaja

yoorno hoore

hiuslakka

uurna hoore

meikki

makiyaas

huulipuna

lippo

kynsilakka

emaaye segene

pumpuli

wiro

kynsisakset

sisooje segene

hajuvesi

parfooŋ

kosmetiikkalaukku

saawdu lawyirdu

jakkara

kuudi

vaaka

bacce ɓetirde

kylpytakki

wutte lootorɗo

kumihansikkaat

kawaseeje dalli

tamponi

tampooŋ

terveysside

sarbet laɓɓinoorɗo

kemiallinen wc

lootogol cellungol

lastenhuone
suudu suka

herätyskello
mantoor pindinoowo
pehmolelu
pijirgel ɗaatngel
leikkiauto
oto fijirde
helistin
rekeet
nukkekoti
suudu puppe
lahja
tawa

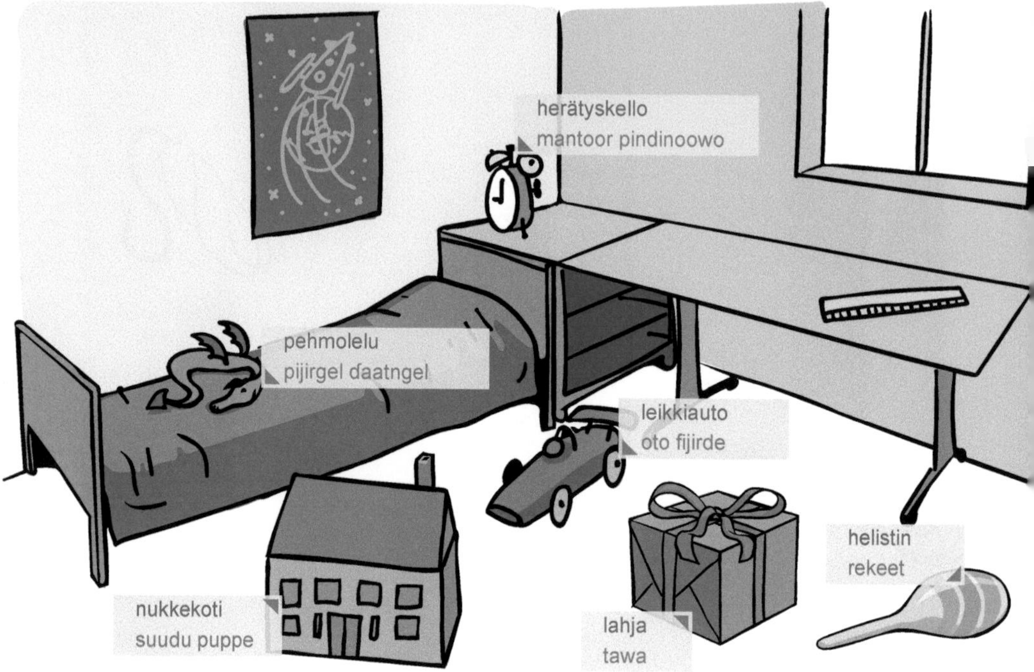

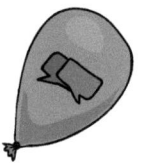

ilmapallo

baloon

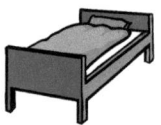

sänky

lelnde

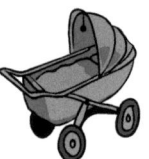

lastenvaunut

puus puus

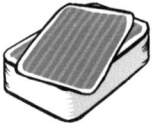

korttipeli

taabal karte

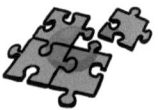

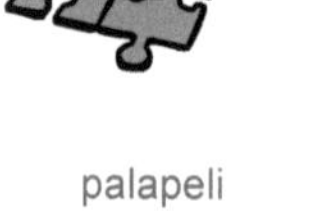

palapeli

juwirgal

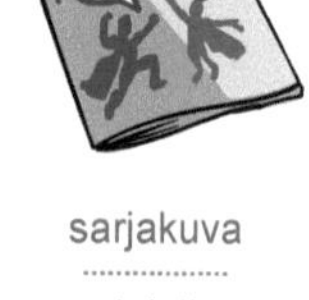

sarjakuva

jalnii

legopalikat

tuufeeje lego

rakennuspalikat

kaaÿe maadi

supersankari

pijirgel suka

potkupuku

wutte suka

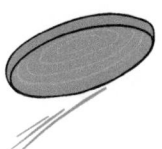

frisbee

mbiifu

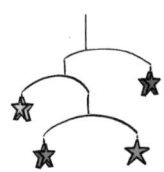

mobile

noddirgel

lautapeli

fijirde alluwal

noppa

dee

pienoisjunarata

tereŋ jahiroowo batiri

tutti

ɗaayɗo

juhlat

hiirde

kuvakirja

deftere natte

pallo

bal

nukke

puppe

leikkiä

fij

hiekkalaatikko

ngaska leydi

keinu

yirlude

lelut

pijirde

pelikonsoli

fijirde widoo peley

kolmipyörä

biifi tati

nalle

uluundu pijirgel

vaatekaappi

woliis

vaatteet

boornogol

sukat

kawaseeje

nylonsukat

baardinirdi

sukkahousut

dogirdi

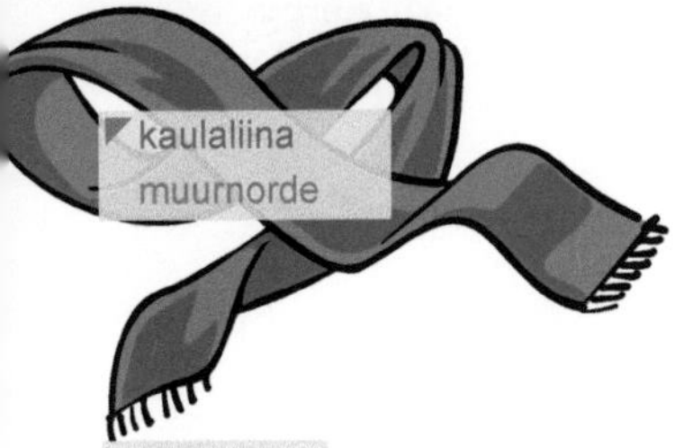

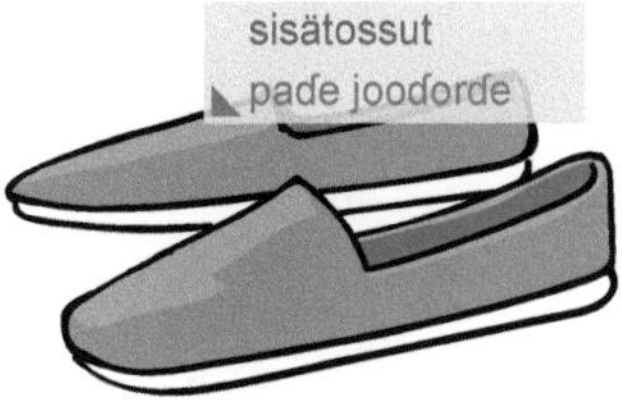

kaulaliina
muurnorde

vyö
dadorde

sateenvarjo
paraseewal

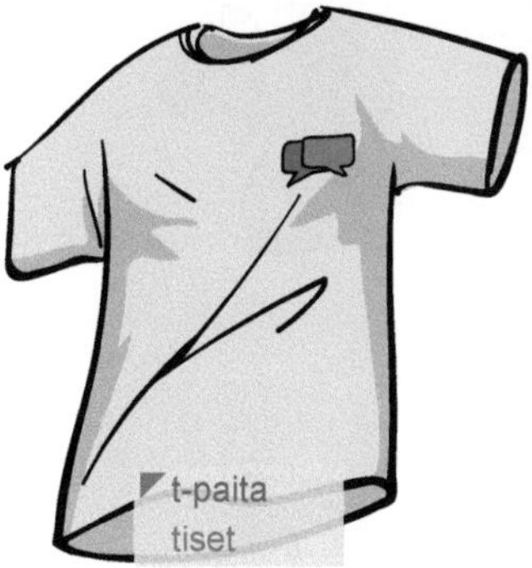

t-paita
tiset

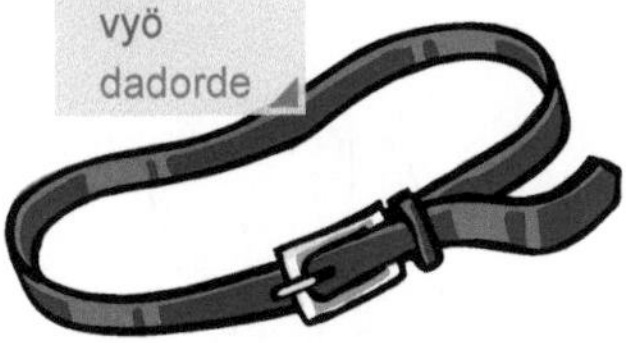

saappaat
bataaje

sisätossut
pade joodorde

lenkkarit
dogirde

sandaalit

caraax

kengät

pade

kumisaappaat

bataaje dalli

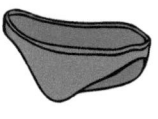

alushousut

cakkirdi

rintaliivit

site ŋoos

aluspaita

weste

body

ɓandu

housut

tuuba

farkut

jiin

hame

sippu

pusero

buluus

paita

wuttel

villapaita

piliweer

collegepaita

njallaaba

jakku

balaseer suka

takki

jakett

takki

sabandoor

sadetakki

wutte toɓo

puku

kossim

mekko

robbo

hääpuku

wutte cuddungu

puku
cakkirɗo

yöpaita
robbo baalduɗo

pyjama
baaluɗi

shari
sari

päähuivi
fiilorde

turbaani
kaala

burka
misoor

kaftaani
haftan

abaya
abaaye

uimapuku
lumborɗo

uimahousut
leɗɗe

shortsit
kilooti

verkkarit
dewirɗi

esiliina
aparooŋ

käsineet
kawase

nappi

nebbu

silmälasit

lone

rannekoru

jawo

kaulakoru

cakka

sormus

feggere

korvakoru

hootonde

lippalakki

laafa

ripustin

jaggirgal sabandoor

hattu

kufna

solmio

karwaat

vetoketju

korsude

kypärä

tengaade

henkselit

jawe

koulupuku

wutte janjirɗo

univormu

dadorɗo

ruokalappu

nappu suka

tutti

ɗaayɗo

vaippa

fooftini

toimisto
gollorde

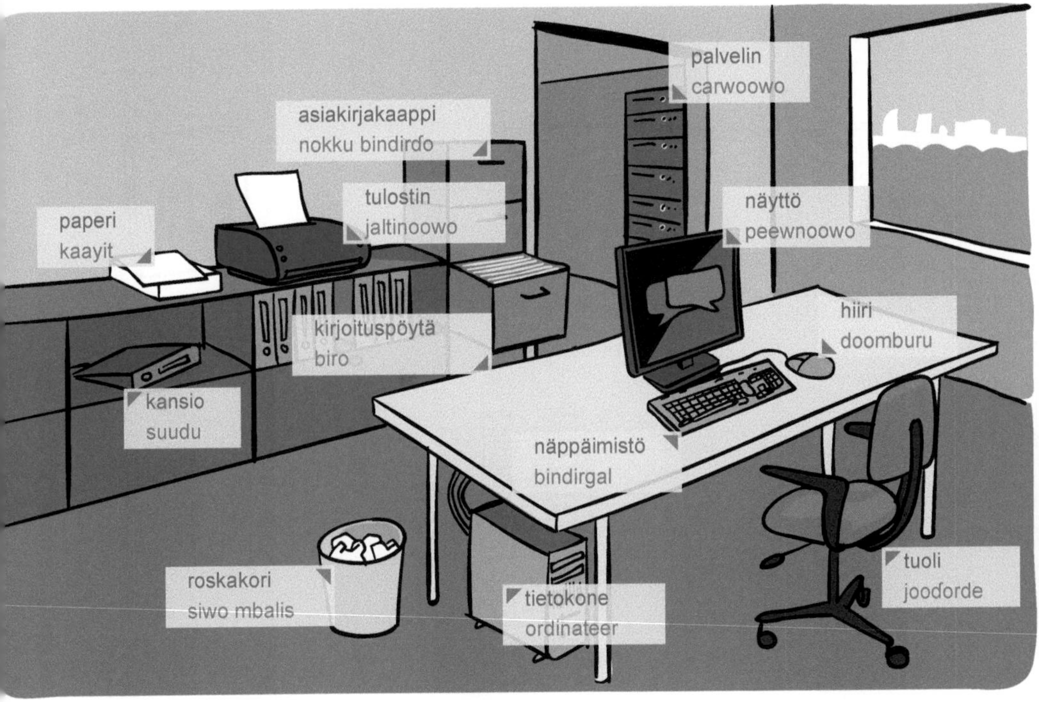

palvelin
carwoowo

asiakirjakaappi
nokku bindirɗo

tulostin
jaltinoowo

näyttö
peewnoowo

paperi
kaayit

kirjoituspöytä
biro

hiiri
doomburu

kansio
suudu

näppäimistö
bindirgal

roskakori
siwo mbalis

tietokone
ordinateer

tuoli
jooɗorde

kahvimuki

koppu kafe

taskulaskin

tongirde

internet

enternet

kannettava tietokone
ordinateer

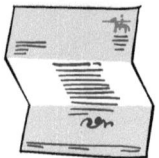

kirje
ɓataake kaayit

viesti
ɓataake

kännykkä
noddirgel

verkko
jokkondiral

kopiokone
nandinoowo

ohjelmisto
kuutorgel

puhelin
noddirgel

pistorasia
piriis

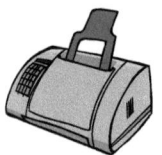

faksi
masiŋ faksii

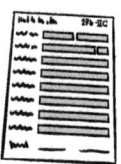

lomake
sifaa

asiakirja
kaayit

ostaa

sood

maksaa

yob

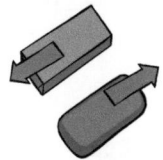

vaihtaa

yeey

raha

kaalis

dollari

dolaar

euro

oro

jeni

yeen

rupla

ruubal

frangi

siiwis farayse

renminbi juan

yuwaan renminbi

rupia

ruppii

pankkiautomaatti

nokku ngalu

rahanvaihto
....
nokku beccirɗo

kulta
....
kaŋe

hopea
....
kaalis

öljy
....
peteroŋ

energia
....
doole

hinta
....
coggu

sopimus
....
jokkondiral

vero
....
lempo

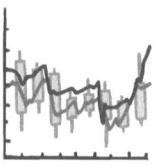

osake
....
jeyii

työskennellä
....
liggo

työntekijä
....
liggotooɗo

työnantaja
....
ligginoowo

tehdas
....
isin

liike
....
yeeyirde

poliisi
alkaati

palomies
kaboowo jeyngol

kokki
defoowo

lääkäri
cafroowo

lentäjä
dognoo ndiwooka

puutarhuri
mooftoowo

puuseppä
meniise

ompelija
gawoowo debbo

tuomari
ñaawoowo

kemisti
simiyanke

näyttelijä
aktoor

linja-autonkuljettaja

diirnoowo biis

taksinkuljettaja

diirnoowo taksi

kalastaja

gawoowo

siivooja

debbo pittoowo

katontekijä

biloowo

tarjoilija

carwoowo

metsästäjä

baañoowo

maalari

diidoowo

leipuri

piyoo mburu

sähköasentaja

peewnoo jeyngol

rakentaja

mahoowo

insinööri

eseñoor

teurastaja

buusee

putkiasentaja

polombiyee

postinjakaja

neďďo posto

sotilas

soldaat

arkkitehti

arsitekte

kassanhoitaja

ngaluyanke

floristi

ledɗeyanke

kampaaja

mooroowo

konduktööri

diirnoowo

mekaanikko

peenoowo jamɗe

kapteeni

gardiiɗo

hammaslääkäri

safroowo ñiiÿe

tiedemies

gando

rabbi

babbiin

imaami

almaami

munkki

muwaan

pappi

neɗɗo alla

työkalut
kuutorɗe

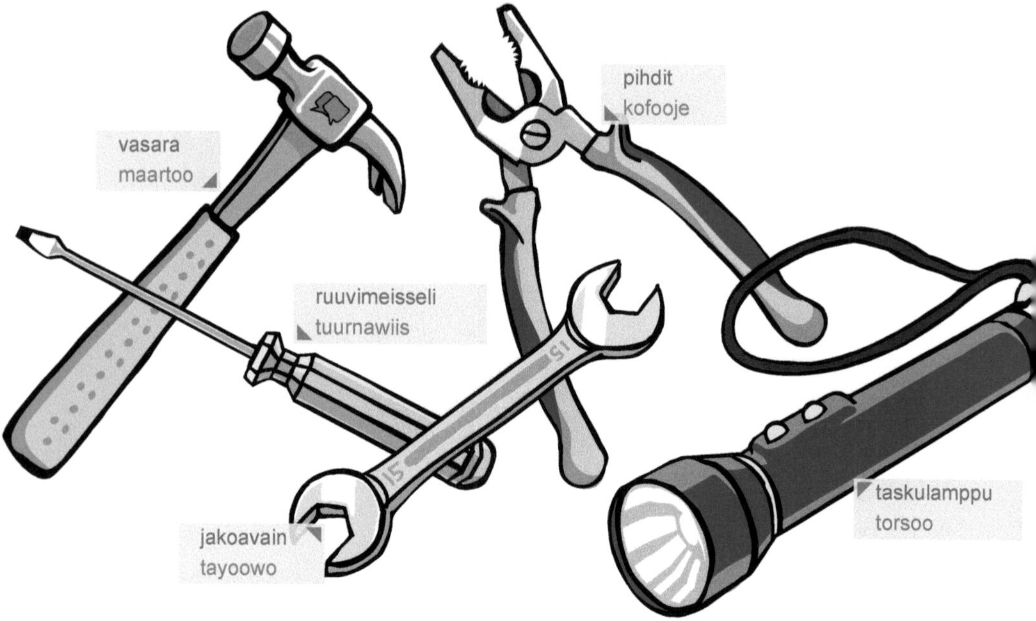

vasara
maartoo
pihdit
kofooje
ruuvimeisseli
tuurnawiis
jakoavain
tayoowo
taskulamppu
torsoo

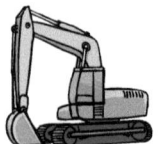

kaivinkone

ngasirdi

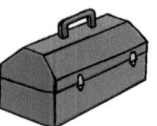

työkalupakki

suudu kuutorɗe

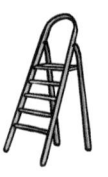

tikkaat

seel

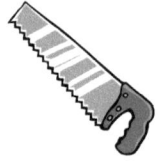

saha

siiy

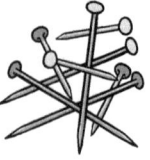

naulat

pontooje

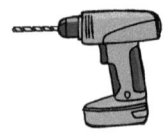

pora

yuwirde

korjata

feewnit

lapio

nokkirde

Hitto!

sooot

rikkalapio

peel

maalipurkki

pot diidirɗo

ruuvit

wiisuuji

soittimet

pijirɗe

kaiuttimet
nikoro

rummut
buuba

kitara
gitaar

kontrabasso
dubal baas

trumpetti
allaadu

piano

piyaano

viulu

ñaañooru

basso

baas

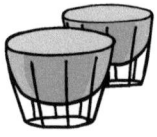

patarummut

timpaan

rumpu

bawɗi

kosketinsoitin

bindirgal

saksofoni

saksofooŋ

huilu

coolumbel

mikrofoni

haaldude

eläintarha

nehirde kulle

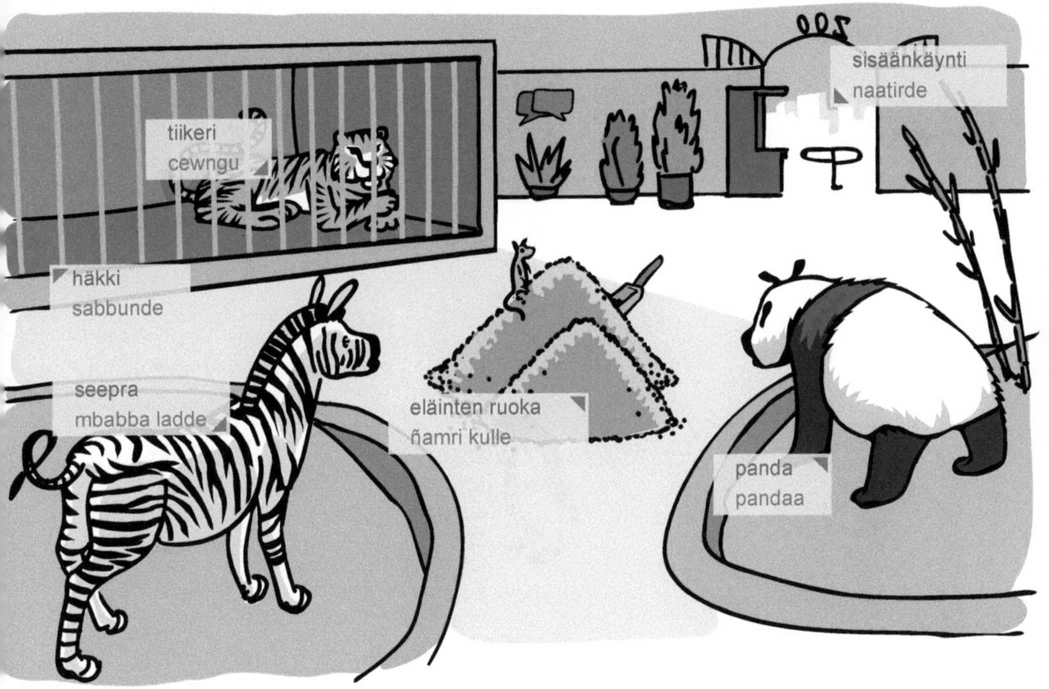

sisäänkäynti
naatirde
tiikeri
cewngu
häkki
sabbunde
seepra
mbabba ladde
eläinten ruoka
ñamri kulle
panda
pandaa

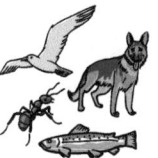

eläimet

kulle

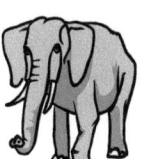

norsu

ñiiwa

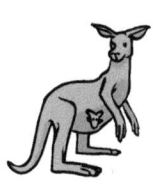

kenguru

kanguruu

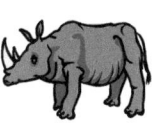

sarvikuono

liwoongu

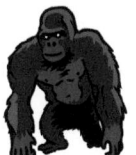

gorilla

waandu

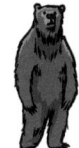

karhu

fowru

kameli

ngelooba

strutsi

jaawagal

leijona

mbaroodi

apina

golo

flamingo

ñaarpural

papukaija

seku

jääkarhu

fowru nees

pingviini

peŋwee

hai

reke

riikinkukko

ngoriyal

käärme

mboddi

krokotiili

nooro

eläintarhanhoitaja

deenoowo kulle

hylje

liingu

jaguaari

cewngu

poni

molel puccu

leopardi

cewlu

virtahepo

ngabu

kirahvi

ñamala

kotka

ciilal

villisika

fowru

kala

liingu

kilpikonna

heende

mursu

morsee

kettu

daga

gaselli

lella

amerikkalainen jalkapallo
fugu koyngel Amarik

pyöräily
welo

tennis
teniis

koripallo
basket

uinti
lumbaade

nyrkkeily
bokse

jääkiekko
okey e galaas

jalkapallo

fugu koyngel

sulkapallo

badminton

yleisurheilu

dogduuji

käsipallo

fugu jungo

hiihto

eskiiy

poolo

polo

aktiviteetit
golle

nauraa
jal
hypätä
diw
halata
uurno
kävellä
yah
laulaa
yim
unelmoida
hoyɗu
rukoilla
juul
suudella
ɓuuco

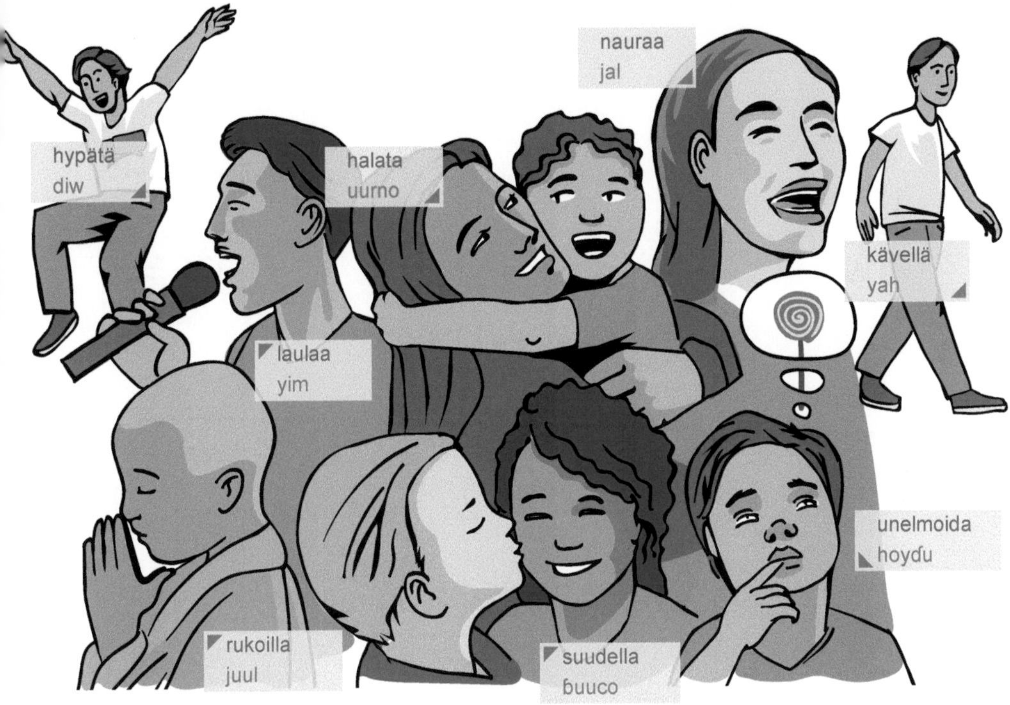

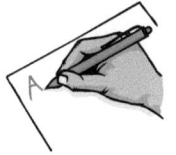

kirjoittaa

windu

piirtää

diid

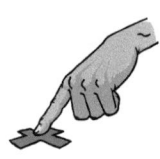

näyttää

hollu

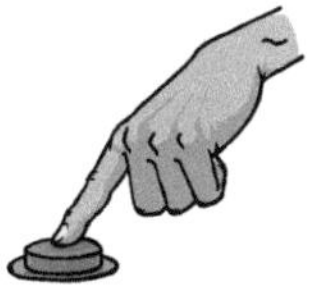

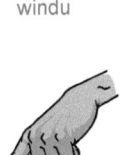

painaa

duñ

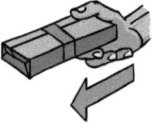

antaa

rokku

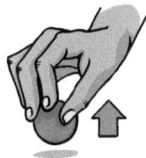

ottaa

naw

omistaa

jogo

tehdä

wad́

olla

won

seisoa

daro

juosta

dog

vetää

ittu

heittää

weddo

kaatua

yan

maata

fen

odottaa

fad

kantaa

naw

istua

jood́o

pukeutua

boorno

nukkua

d́aano

herätä

finn

katsoa

ndaar

itkeä

woy

silittää

fiiy

kammata

koomu

puhua

haal

ymmärtää

faam

kysyä

naamdo

kuunnella

hetto

juoda

yar

syödä

ñaam

siivota

habbu

rakastaa

yiɗ

keittää

def

ajaa

diirnu

lentää

diw

purjehtia

awyu

laskea

lim

lukea

jangu

oppia

jangu

työskennellä

liggo

mennä naimisiin

res

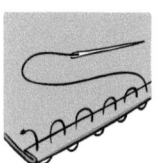

ommella

aaw

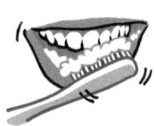

pestä hampaat

boris ñiiÿe

tappaa

war

tupakoida

simmo

lähettää

neldu

perhe

ɓesngu

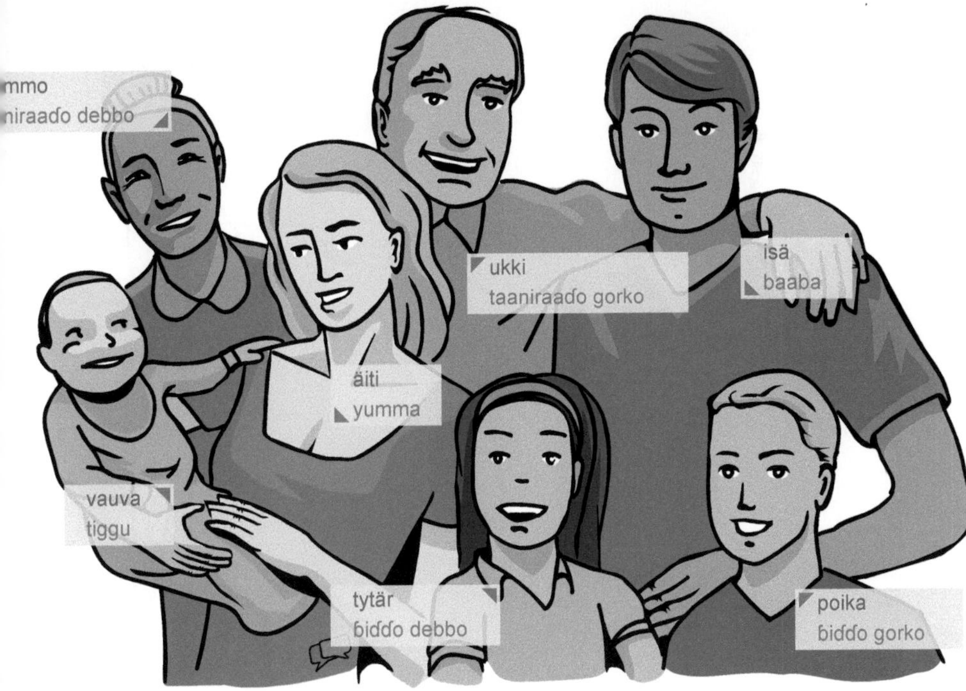

mmo
niraaɗo debbo
ukki
taaniraaɗo gorko
isä
baaba
äiti
yumma
vauva
tiggu
tytär
ɓiɗɗo debbo
poika
ɓiɗɗo gorko

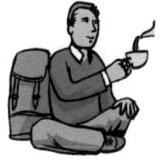

vieras

koɗo

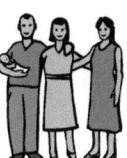

täti

gogo

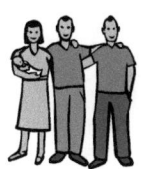

setä

kaawiraaɗo

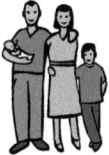

veli

mawniraaɗo gorko

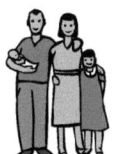

sisko

mawniraaɗo debbo

vartalo

ɓandu

otsa
tiinde
silmä
yitere
olkapää
walabo
sormet
feɗeendu
kasvot
yeeso
leuka
waare
käsi
jungo
jalka
korlal
rinta
endu
käsivarsi
jungo

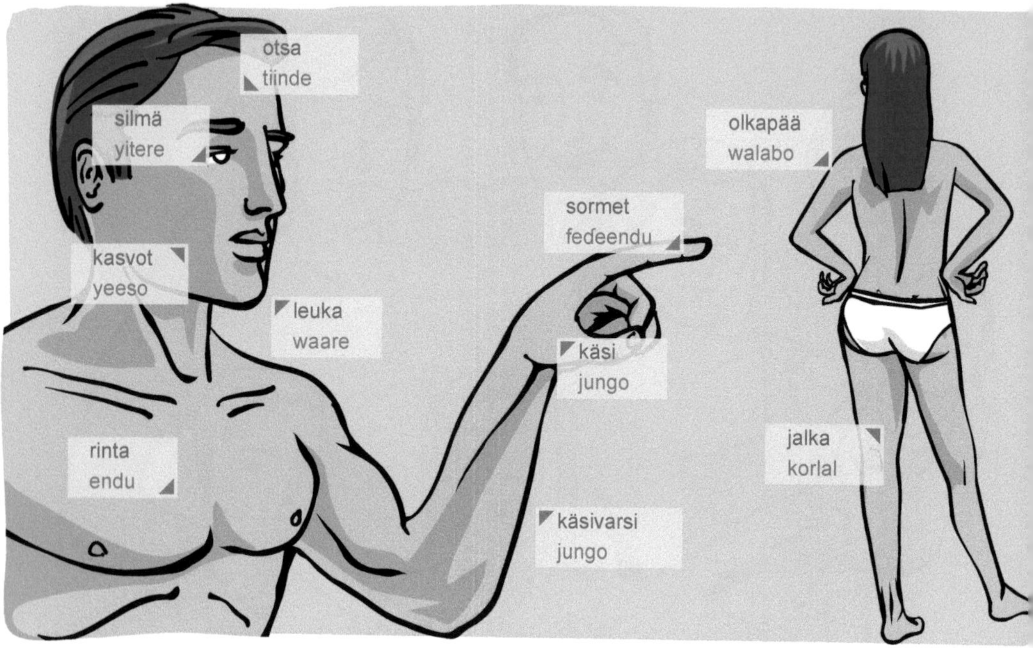

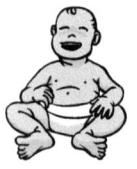

vauva

tiggu

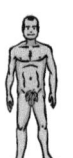

mies

gorko

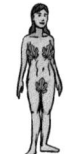

nainen

debbo

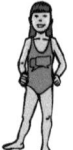

tyttö

debbo

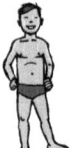

poika

gorko

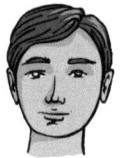

pää

hoore

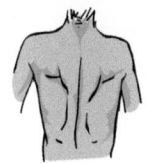

selkä
keeci

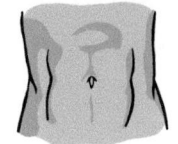

maha
reedu

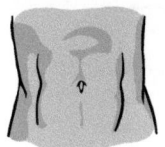

napa
wudduru

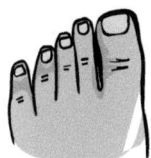

varvas
feɗeendu

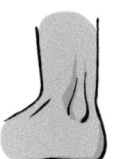

kantapää
njaaɓordi

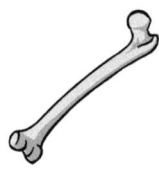

luu
ÿiyal

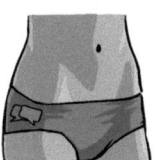

lantio
buhal

polvi
hofru

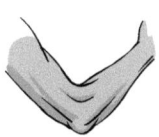

kyynärpää
fooɳturu

nenä
hinere

takapuoli
gaɗa

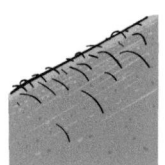

iho
nguru

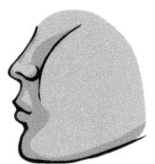

poski
aɓɓuko

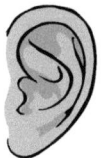

korva
nofru

huuli
tondu

suu
hunuko

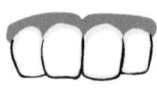

hammas
ñiire

kieli
demngal

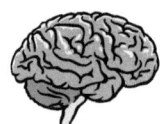

aivot
ngaandi

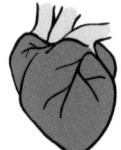

sydän
bernde

lihas
ÿiye

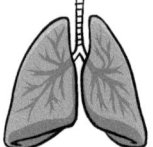

keuhkot
jofe

maksa
heeñere

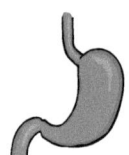

vatsa
kuuse

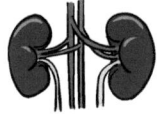

munuaiset
booÿe

seksi
leldaade

kondomi
kawasal

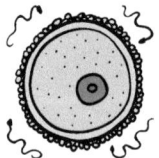

munasolu
boccoonde

sperma
maniiyu

raskaus
cowagol

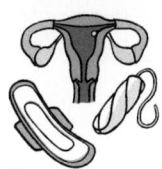

kuukautiset
ella

vagina
kottu

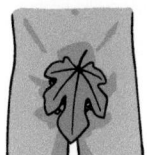

penis
soolde

kulmakarvat
leeɓol yitere

hiukset
sukundu

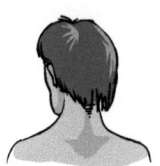

niska
daande

sairaala
safrirdu

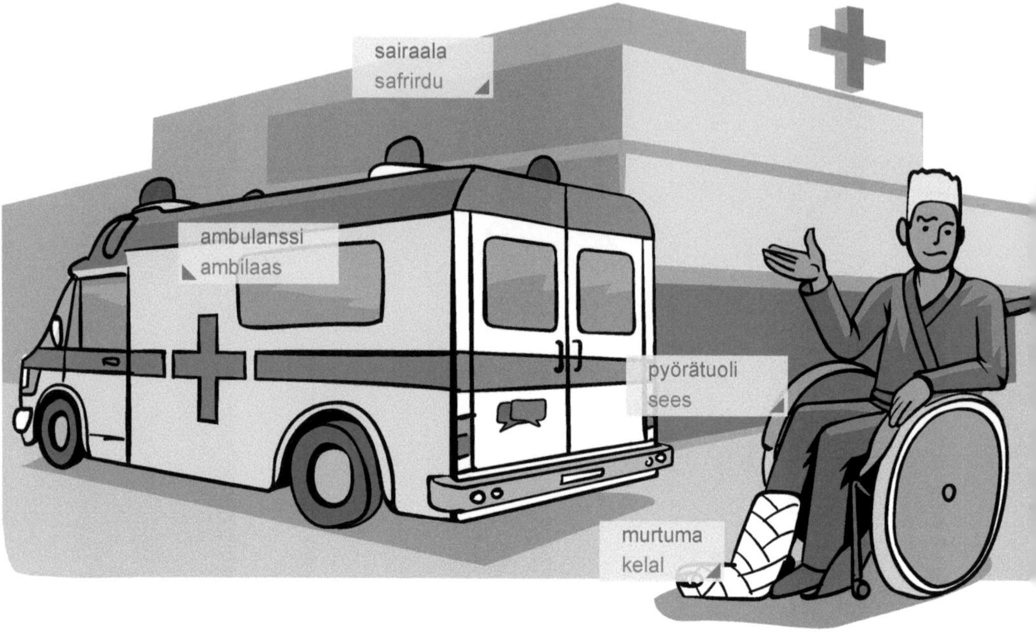

sairaala
safrirdu
ambulanssi
ambilaas
pyörätuoli
sees
murtuma
kelal

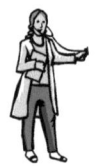

lääkäri

cafroowo

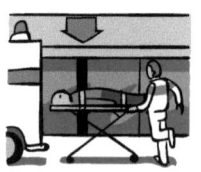

ensiapu

suudu heñaare

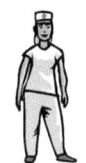

sairaanhoitaja

debbo cafroowo

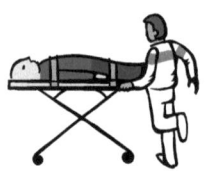

hätätilanne

heñorde

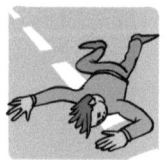

tajuton

wondaane hakkile

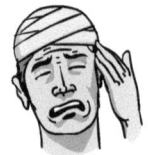

kipu

muuseeki

vamma

gaañande

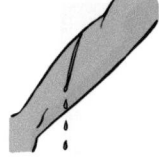

verenvuoto

tuɗde ÿiiÿam

sydänkohtaus

muuseeki ɓernde

aivoinfarkti

piigol

allergia

nefo

yskä

ɗojjude

kuume

ɓandu wulooru

flunssa

pali

ripuli

ndogu reedu

päänsärky

hoore muusoore

syöpä

kaaseer

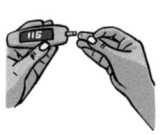

diabetes

jabett

kirurgi

oppiroowo

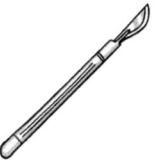

veitsi

jaggirdi

leikkaus

oppeere

ct

CT

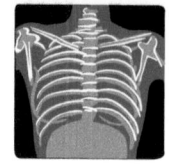

röntgen

buudî x

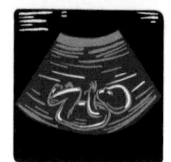

ultraääni

iltarasooŋ

maski

huurirdu yeeso

sairaus

rafi

odotushuone

heblorde

sauva

beeke

laastari

tabak

side

bandaas

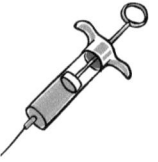

pistos

pinggu

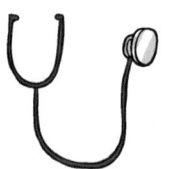

stetoskooppi

estetoskop

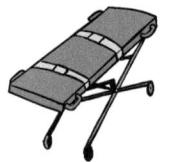

paarit

poodoowo

kuumemittari

termomeeter safrirdu

syntymä

jibinande

ylipaino

buttidgol

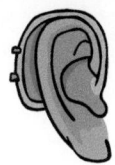

kuulolaite

ballal nanirɗe

desinfiointiaine

laɓɓinoowo

infektio

raabo

virus

wiriis

HIV / AIDS

SIDAA

lääke

lekki

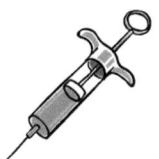

rokotus

ñakko

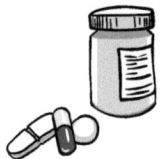

tabletit

poɗɗe

pilleri

foɗɗere

hätäpuhelu

noddaango heñiingo

verenpainemittari

ÿeewtorde yaadu ÿiiyam

sairas / terve

faawŋi / selli

Apua!	hälytys	ryöstö
Ballal	pindinoowo	njangu

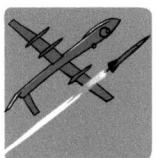		
hyökkäys	vaara	hätäuloskäynti
raaŋande	boomre	yaltirde yaawnde

Tulipalo!	palosammutin	onnettomuus
Jeyngol	ñifoowo jeyngol	aksida

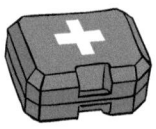		
ensiapulaukku	SOS	poliisilaitos
saawdu safaara gadano	SOS	poliis

Eurooppa

Orop

Pohjois-Amerikka

Amarik Rewo

Etelä-Amerikka

Amarik Worgo

Afrikka

Afirik

Aasia

Aasi

Australia

Ostaraali

Atlantin valtameri

Atalantik

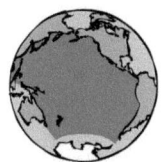

Tyynimeri

Pasifik

Intian valtameri

Maayo Endo

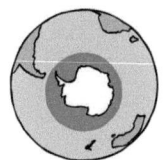

Eteläinen jäämeri

Maayo Antarkatik

Pohjoinen jäämeri

Maayo Arkatik

pohjoisnapa

Baŋe Rewo

etelänapa

Baŋe Worgo

Antarktis

Antarkatik

maa

Leydi

maa

leydi

meri

maayo

saari

siire

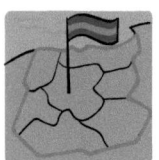

kansa

wuro

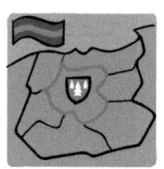

osavaltio

laamu

78   maa - Leydi

kellotaulu

yeeso waktu

tuntiviisari

jungo waktu

minuuttiviisari

jungo hojoma

sekuntiviisari

jungo majaango

Paljonko kello on?

hol waktu?

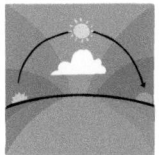

päivä

ñalawma

aika

saha

nyt

jooni

digitaalikello

mantoor nattoowo

minuutti

hojoma

tunti

waktu

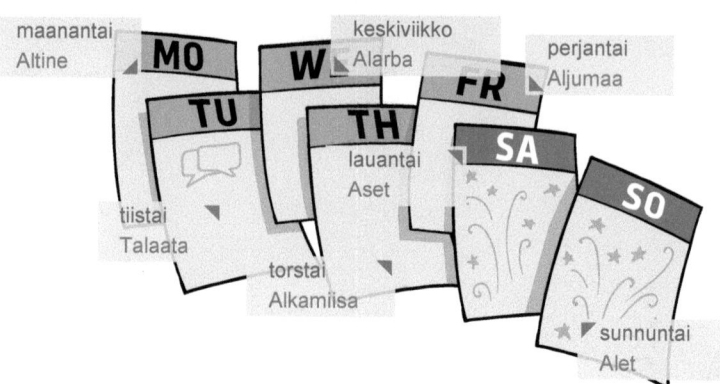

maanantai
Altine

keskiviikko
Alarba

perjantai
Aljumaa

tiistai
Talaata

lauantai
Aset

torstai
Alkamiisa

sunnuntai
Alet

eilen
....
hanki

tänään
....
hande

huomenna
....
jango

aamu
....
subaka

keskipäivä
....
ñalawma

ilta
....
kikiiđe

MO	TU	WE	TH	FR	SA	SU
1	2	3	4	5	6	7
8	9	10	11	12	13	14
15	16	17	18	19	20	21
22	23	24	25	26	27	28
29	30	31	1	2	3	4

työpäivät
....
biir

MO	TU	WE	TH	FR	SA	SU
1	2	3	4	5	6	7
8	9	10	11	12	13	14
15	16	17	18	19	20	21
22	23	24	25	26	27	28
29	30	31	1	2	3	4

viikonloppu
....
ñalđi

vuosi
hitaande

sade
toɓo
sateenkaari
timtimol
lumi
nees
tuuli
hendu
kevät
demminaare
syksy
ndunngu
kesä
ceeɗu
talvi
dabbunde

4.APRIL 11°
5.APRIL 4°
6.APRIL 13°
7.APRIL 8°
8.APRIL 10°

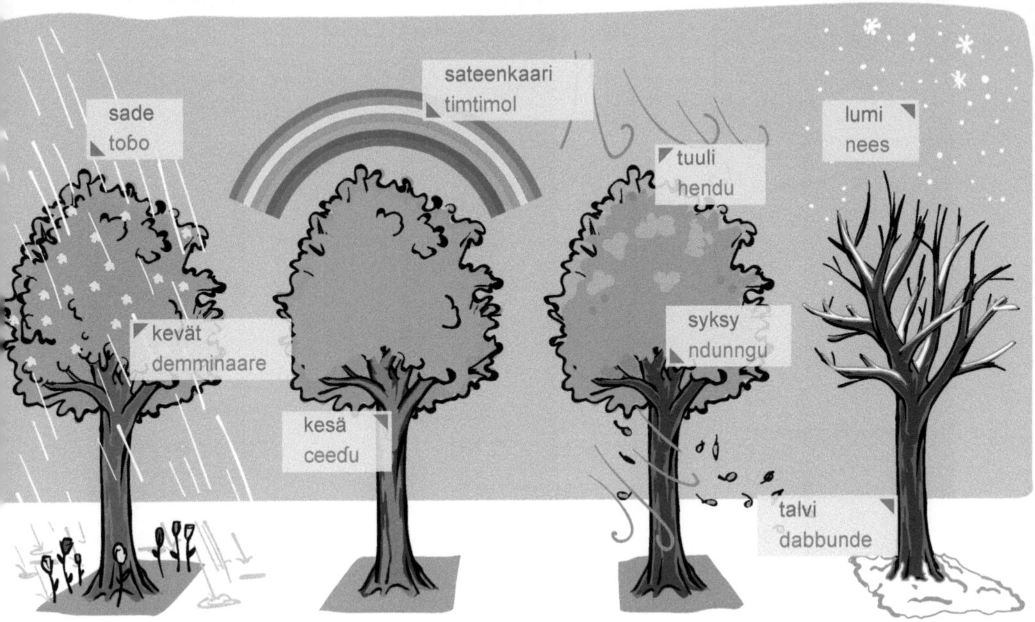

sääennuste

kabaaru weeyo

F C
120 90 60 30 0 -30
40 30 20 10 0 -10 -20

lämpömittari

termomeeter

auringonpaiste

naaŋini

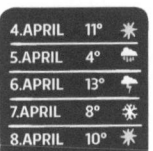

pilvi

ruulde

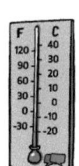

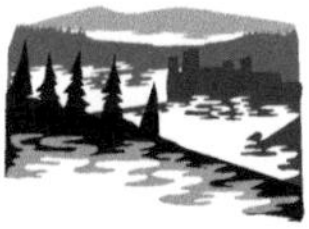

sumu

cuurki

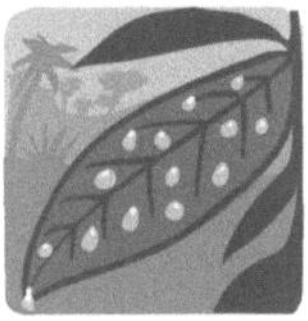

ilmankosteus

uddeende

salama
majje

ukkonen
gidaango

myrsky
hendu

rae
huɗɗni

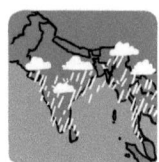

monsuuni
ruulɗini

tulva
waame

jää
nees

tammikuu
Siilo

helmikuu
Colte

maaliskuu
Mbooy

huhtikuu
Seeɗto

toukokuu
Duuyal

kesäkuu
Korse

heinäkuu
Morse

elokuu
Juko

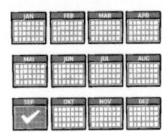

syyskuu
....
Siilto

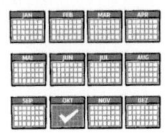

lokakuu
....
Yarkoma

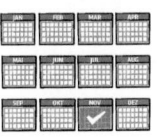

marraskuu
....
Jolal

joulukuu
....
Bowte

muodot
balli

ympyrä
....
taarto

neliö
....
yaajeendi

suorakulmio
....
yaajo

kolmio
....
saraandi

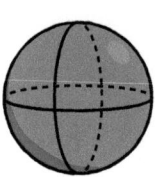

pallo
....
mbiifu

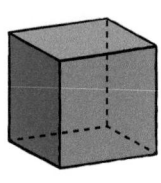

kuutio
....
kiibb

valkoinen

daneejo

keltainen

oolo

oranssi

oraas

vaaleanpunainen

roos

punainen

boɗeejo

violetti

mboongu

sininen

bulaajo

vihreä

werte

ruskea

cooyo

harmaa

puro

musta

ɓaleejo

paljon / vähän

heewi / seeɗa

vihainen / ystävällinen

seki / deeyi

kaunis / ruma

yooɗi / soofi

alku / loppu

fuuɗorde / gasirde

suuri / pieni

mawɗo / tokooso

vaalea / tumma

leeri / niɓɓiɗi

veli / sisko

maniraaɗo / miñiraaɗo

puhdas / likainen

laaɓi / tunwi

täydellinen / epätäydellinen

timmi / manki

päivä / yö

ñalawma / jamma

kuollut / elävä

maayi / wuuri

leveä / kapea

yaaji / faaɗi

syötävä / syömäkelvoton
....
nano / nanotaako

paha / kiltti
....
boni / moÿÿi

innostunut / tylsistynyt
....
softi / yoomi

lihava / laiha
....
ɓuttidi / sewi

ensimmäinen / viimeinen
....
adi / wattindi

ystävä / vihollinen
....
sehil / gaño

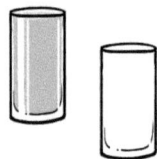

täysi / tyhjä
....
heewi / ɓoldi

kova / pehmeä
....
muusi / weeɓi

painava / kevyt
....
teddi / hoyi

nälkä / jano
....
heege / domka

sairas / terve
....
faawŋi / selli

laiton / laillinen
....
wona laawol / laawol

älykäs / tyhmä
....
feerti / muddidi

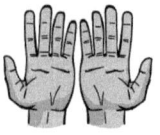

vasen / oikea
....
nano / ñaamo

lähellä / kaukana
....
ɓatti / woddi

uusi / käytetty

keso / kiiɗɗo

ei mitään / jotain

ndiga / huunde

vanha / nuori

nayeejo / suka

päällä / pois päältä

huɓɓi / ñifii

auki / kiinni

uditi / uddii

hiljainen / äänekäs

deeÿi / dille

rikas / köyhä

alɗi / waasi

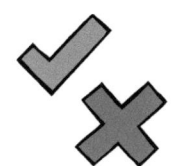

oikein / väärin

goonga / fenaande

karhea / sileä

tiiɗi / nooyi

surullinen / iloinen

metti / weli

lyhyt / pitkä

raɓɓiɗi / juuti

hidas / nopea

leeli / yaawi

märkä / kuiva

leppi / yoori

lämmin / viileä

wuli / ɓuuɓi

sota / rauha

hare / jam

0	**1**	**2**
nolla	yksi	kaksi
ndiga	gooto	ɗiɗi

3	**4**	**5**
kolme	neljä	viisi
tati	nay	joy

6	**7**	**8**
kuusi	seitsemän	kahdeksan
jeegom	jeeɗiɗi	jeetati

9	**10**	**11**
yhdeksän	kymmenen	yksitoista
jeenay	sappo	sappoy goo

12	**13**	**14**
kaksitoista	kolmetoista	neljätoista
sappoy ɗiɗi	sappoy tati	sappoy nay

15	**16**	**17**
viisitoista	kuusitoista	seitsemäntoista
sappoy joy	sappoy jeegom	sappoy jeeɗiɗi

18	**19**	**20**
kahdeksantoista	yhdeksäntoista	kaksikymmentä
sappoy jeetati	sappoy jeenay	noogaas

100	**1.000**	**1.000.000**
sata	tuhat	miljoona
teemedere	ujunere	miliyooŋ

numerot - pinɗe

englanti

Aŋale

amerikanenglanti

Aŋale Amarik

mandariinikiina

Mandare Siinaaɓe

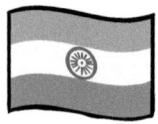

hindi

Hindi

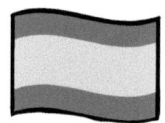

espanja

Español

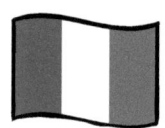

ranska

Farayse

arabia

Arab

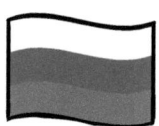

venäjä

Riis

portugali

Portigees

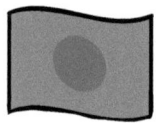

bengali

Bengali

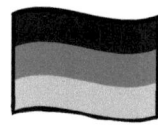

saksa

Almaa

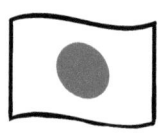

japani

Sapponee

minä

miin

sinä

an

hän

kanko / kanko / kanum

me

minen

te

onon

he

kambe

kuka?

holoon?

mitä / mikä?

holɗuum?

miten?

holnoon?

missä?

holtoon?

milloin?

mande?

nimi

inde

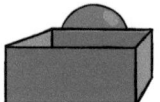

takana

caggal

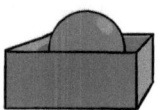

sisällä

nder

edessä

sawndo

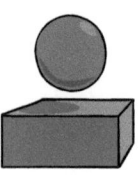

yläpuolella

dow

päällä

e

alapuolella

les

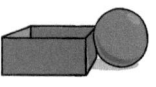

vieressä

sara

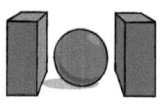

välissä

hakkunde

paikka

nokku